FORMULA UNA ESTRATEGIA DE NEGOCIO GANADORA

Aprende a formular Estrategias de Negocio de Éxito para impulsar el Crecimiento

BERT LANGA

Copyright © 2018 Bert Langa

Todos los derechos reservados.

ISBN: 9781983096099

DEDICATORIA

A mi familia.

CONTENIDO

¿Quieres tener éxito en tu negocio? Formula una Estrategia de negocio ganadora	4
Metodología para la formulación de la Estrategia de negocio	9
Estrategia vs Plan de negocio	14
Objetivos clave de negocio	20
Análisis de mercado	24
Factores de crecimiento orgánico	30
Penetración de mercado	33
Desarrollo de mercado	36
Desarrollo de soluciones	39
Diversificación	41
Documentación de Factores de crecimiento orgánico	42
Factores de crecimiento orgánico: ejemplo HealthApp	46
Factores de crecimiento inorgánico	54
Facilitadores	58
Estrategia de negocio en una página	60
Ejemplos reales de Estrategias de negocio	62
Modelo financiero	68
Plan de acción global	72
La respuesta al enigma de Kodak	76
Conclusiones y cierre	78
Acerca del Autor	79

AGRADECIMIENTOS

A mi familia

¿QUIERES TENER ÉXITO EN TU NEGOCIO? FORMULA UNA ESTRATEGIA DE NEGOCIO GANADORA

En primer lugar, quería darte las gracias por comprar este libro. Mi nombre es Bert, y soy un inversor privado con experiencia en la creación de estrategias y modelos de negocio disruptivos basados en las nuevas tendencias tecnológicas. Durante los últimos quince años, me he dedicado principalmente a innovar modelos de negocio de compañías cotizadas y a ayudar a startups tecnológicas para que se muevan de la etapa de inversión inicial a la de crecimiento.

A lo largo de este libro, vamos a hablar de Estrategias de Negocio. Para ello, empezaremos definiendo el significado de la palabra estrategia en un contexto de negocio.

Existe numerosa bibliografía al respecto, aunque una de las definiciones más importantes fue la realizada por Porter en el año 1996 (uno de los principales estrategas a nivel mundial), en una publicación en la Harvard Business Review (What Is Strategy?, Michael E. Porter, FROM THE NOVEMBER–DECEMBER 1996 ISSUE). En él, Porter nos habla de Estrategia como "la combinación de objetivos que centran los esfuerzos de la compañía, y los medios que utiliza esta para alcanzar dichos objetivos".

Sin embargo, en un artículo posterior, la revista Forbes nos ofrece una definición muy práctica e interesante que combina ambas palabras, Estrategia y Negocio. Dice así: "la estrategia es un marco de trabajo para la toma de decisiones sobre cómo gestionarás el negocio" (What The Heck Is A Strategy Anyway?, Ann Latham, Oct 29, 2017).

Esta sencilla definición nos lleva a realizarnos una pregunta: ¿alguna vez has pensado por qué determinadas empresas tienen éxito y presentan un rendimiento sustancialmente mejor que la media? En términos generales, te puedo asegurar que ese éxito se debe a la existencia de una Estrategia de negocio bien definida y mejor ejecutada. Es decir, estas empresas definen con claridad un marco de trabajo que les permite tomar decisiones sobre el estado futuro al que se quiere llegar, y son excelente ejecutando el plan de acción para alcanzarlo.

Durante el proceso de definición de ese estado futuro, la empresa diseña los productos y servicios que quiere vender (actuales y nuevos), los clientes y mercados donde quiere venderlos (actuales y nuevos), identifica posibles empresas con las que quiere establecer alianzas (e incluso comprarlas) y, finalmente, desarrolla los componentes de negocio que serán necesarios para soportar las operaciones de la compañía (los llamados "Facilitadores").

Veamos a continuación diferentes ejemplos de compañías líderes de mercado que están ejecutando sus estrategias de negocio con disciplina para continuar creando valor y ganando ventaja competitiva.

En primer lugar, pensemos en el proceso de expansión a China iniciado por Apple ya hace varios años. La compañía invirtió más de un billón de dólares en este proceso. Dicho de otra forma, como parte de su Estrategia de negocio, Apple decidió potenciar la venta de sus productos y servicios en un nuevo mercado geográfico: China. Y, para ello, invirtió una verdadera fortuna que ha dado lugar a que esta geografía se convierta en uno de los tres primeros mercados en términos de ventas (según datos de Apple).

Hablemos ahora de la transformación de Google en Alphabet. Lógicamente, ese cambio se definió como parte de su Estrategia de negocio. ¿Qué se pretendía con ello? En palabras de directivos de esta compañía, se pretendía mantener la gestión corporativa y global del negocio, pero dotando de mayor flexibilidad a diferentes unidades de negocio del grupo que trabajaban en áreas no exclusivamente relacionadas con las Tecnologías de la Información (p.e. el área de Sanidad). Es decir, se quería ganar eficiencia y agilidad en la gestión, dado que el tamaño de google empezaba a hacer más complejo continuar siendo innovadores.

Y, finalmente, hablemos de General Electric que, como parte de su Estrategia de negocio, decidió hace varios años entrar el negocio de la impresión 3D. Para ello, invirtió 1.4 billones de dólares en la compra de varias compañías líderes en esa tecnología. A este tipo de operaciones de compra se les llama de crecimiento inorgánico (en contraposición con el crecimiento orgánico a través de los productos y servicios de la propia compañía). Más tarde, te hablaré de ello en detalle.

Es decir, la Estrategia de negocio es un marco de trabajo que permite tomar decisiones acerca de cómo gestionar el negocio para continuar entregando valor a los clientes. En el caso de Apple, el marco contemplaba la expansión a China, en google la segmentación de las operaciones de la compañía, y para GE era necesario entrar en el mercado de la impresión 3D.

En cualquiera de los ejemplos anteriores, los ejecutivos responsables de desarrollar la Estrategia de negocio utilizaron una metodología específica de trabajo. En este libro, te explicaré esa metodología, una serie de actuaciones ordenadas que te permitirán alcanzar las cuotas de crecimiento deseadas más rápido que tus competidores.

Para ello, en la primera parte del libro, hablaremos de la importancia de realizar una definición correcta de los objetivos de negocio.

Posteriormente, te explicaré en detalle cómo desarrollar un Análisis de mercado.

Una vez conocemos nuestros objetivos y mercado potencial, nos centraremos en definir los componentes clave de la Estrategia de negocio: los Factores de crecimiento orgánico, inorgánico y los Facilitadores.

Para poner en práctica todo lo aprendido, revisaremos la Estrategia de negocio de varias compañías cotizadas. También desarrollaremos un caso de estudio completo para una startup tecnológica que vende aplicaciones móviles en Sanidad.

Finalmente, aprenderás a desarrollar el Modelo financiero (donde se definen las inversiones y beneficios esperados) y el Plan de acción para la implantación de la Estrategia de negocio.

La metodología de desarrollo de Estrategias de negocio está basada en la experiencia acumulada desarrollando proyectos de gestión para compañías cotizadas de la máxima relevancia (aunque el método que te explicaré lo podrás utilizar en compañías de menor tamaño e incluso startups – de hecho, el caso de estudio principal es para una startup llamada HealthApp).

Conocer dicha metodología te permitirá convertirte en un líder de mercado capaz de:

—Comprender la posición actual de nuestra compañía y definir dónde queremos ir.

—Identificar los pasos clave necesarios para materializar la estrategia definida.

—Favorecer la discusión y el debate interno en nuestros equipos de trabajo.

—Estructurar adecuadamente problemas complejos y ser capaz de resolverlos.

—Organizar información de múltiples fuentes con el objetivo de obtener datos relevantes.

—Y, en definitiva, entregar mejores resultados.

Finalmente, antes de pasar al siguiente capítulo, te quería

plantear la resolución de un enigma. ¿Te acuerdas de la multinacional Kodak? En el 2001 se vendieron en el mundo 3.120 millones de carretes de película fotográfica. En esa época, Kodak tenía una cuota de mercado del 40%, Fuji del 26% y Agfa del 13%. Sin embargo, solo 11 años más tarde, en el 2012, Kodak presentó la suspensión de pagos. ¿Sabrías decirme cuál fue el motivo? Al final del libro te explicaré la respuesta a esta pregunta.

METODOLOGÍA PARA LA FORMULACIÓN DE LA ESTRATEGIA DE NEGOCIO

La metodología para el desarrollo de Estrategias de Negocio (*Business Strategy Blueprint* o BSB) es una metodología holística basada en el conocimiento adquirido como consultores de gestión. El siguiente gráfico representa las actividades que contempla:

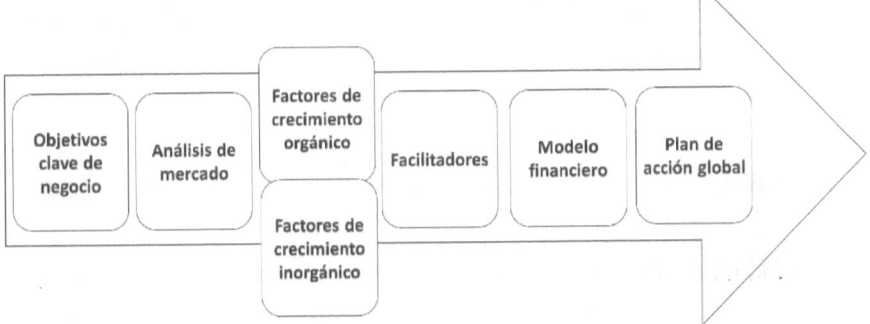

En primer lugar, se deben identificar los Objetivos clave de negocio perseguidos que pueden tener diferentes perspectivas:

—Financiera: objetivos de crecimiento (por ejemplo, ventas, facturación o rentabilidad).

—Cliente: nivel de impacto y relevancia sobre los clientes finales (por ejemplo, posicionamiento de mercado, cuota de mercado).

—Interna: eficiencia y eficacia en las operaciones internas del negocio (por ejemplo, optimización de costes, flexibilidad de los procesos, nivel de automatización, etc.).

—Talento: nivel de éxito en la gestión y motivación de los equipos de trabajo (p.e. nivel de satisfacción de los empleados con la compañía).

A continuación, se realiza un Análisis del mercado donde opera la compañía y su posicionamiento en el mismo. Se trata de conocer el punto de partida y, especialmente, los retos de nuestros clientes que guiarán la Estrategia de negocio. Tal y como te he explicado anteriormente, para el desarrollo de este análisis se puede partir del ya desarrollado durante el Plan de negocio.

Luego, se deben identificar los Factores de crecimiento orgánico e inorgánico que permitirán alcanzar el crecimiento global objetivo.

A la hora de definir las estrategias de crecimiento que formarán parte de la Estrategia de negocio, podemos optar por estas dos posibilidades: el crecimiento orgánico o el inorgánico. Definir cómo queremos crecer es una de las principales obligaciones de un buen estratega, dado que las decisiones que tomemos tendrán una influencia directa sobre los resultados de la compañía y sus empleados.

El crecimiento orgánico persigue el crecimiento sobre la base de los activos actuales de la compañía y/o la creación de nuevos (aunque siempre aprovechando las capacidades internas). Esta suele ser la forma habitual de crecer de las PYMES (SMBs). Por ejemplo, el desarrollo de nuevos productos/servicios o la expansión geográfica.

El crecimiento inorgánico es aquel que se basa en fusiones, adquisiciones o alianzas estratégicas con terceros (más adelante te explicaré en detalle estos conceptos). Es decir, se soporta en la integración de otras empresas.

Junto con los Factores de crecimiento se definen los Facilitadores. Se trata de líneas de actuación que afectan a toda la compañía y favorecen la consecución de los objetivos de negocio no financieros. Se las llama Facilitadores porque, junto con los Factores de crecimiento, facilitan que la Estrategia de negocio sea una realidad.

A continuación, se define el Modelo financiero que soportará la consecución de los objetivos financieros (ventas/facturación/rentabilidad). Se trata de responder a las siguientes preguntas: ¿qué inversiones son necesarias para hacer realidad la Estrategia de negocio? ¿Qué retorno se tendrá en términos de incremento de ventas, facturación y rentabilidad?

Finalmente, se define el Plan de acción global, incluyendo todas las líneas de acción necesarias para poner en marcha la Estrategia de negocio y alcanzar los objetivos planteados. Las líneas de acción pueden afectar a diferentes ámbitos, por ejemplo: personas, negocio o marketing.

Parece difícil, pero no lo es. Aunque en próximos apartados veremos en detalle casos de estudio específicos, a continuación, vamos a aplicar el BSB para desarrollar la Estrategia de negocio de una compañía que se dedica a la implantación de soluciones de ciberseguridad.

Imaginemos una empresa de USA, a la que llamaremos CyberLog, que desde 2008 vende soluciones de Ciberseguridad adaptadas y personalizadas a las necesidades de las pequeñas y medianas empresas. Desde hace varios años, la compañía ha visto estancado su crecimiento y actualmente comienza a tener pérdidas. Los clientes se quejan principalmente de un servicio post-venta de baja calidad y escaso nivel de especialización.

Por esta razón, los miembros del Consejo han decidido desarrollar una nueva estrategia que les permita volver a crecer. ¿Sabrías decirme de qué perspectiva es el principal objetivo de negocio que debe guiar la nueva Estrategia? Está claro, es de perspectiva Financiera; el objetivo principal es "crecer".

Como en todos nuestros libros, este caso de estudio está basado en un proyecto y una empresa reales. Por esta razón, el equipo que desarrolló la Estrategia de negocio definió diferentes Objetivos clave de negocio en términos de crecimiento (perspectiva financiera).

En primer lugar, se quería incrementar el volumen de facturación por cliente, pasando de 25.000 dólares a 40.000 dólares. También aumentar la rentabilidad hasta un EBITDA (beneficio bruto de explotación calculado antes de deducir los gastos financieros) del 16% sobre ventas.

Finalmente, el Consejo determinó también objetivos concretos de la perspectiva Cliente. En concreto, incrementar la cartera de clientes, pasando de 2.460 a 3.500 clientes.

Una vez se definieron los Objetivos de negocio, se determinó los Factores de crecimiento orgánico, inorgánico y los Facilitadores. Aunque más adelante te explicaré cómo hacerlo de la forma metodológicamente correcta (por ejemplo, utilizando la matriz de Ansoff), a continuación, te presento un extracto del resultado de la estrategia en este área.

A nivel de Factores de crecimiento orgánicos se determinó que se crearía y vendería una solución específica de ciberseguridad para entornos ERP SAP. Las compañías que utilizan SAP necesitan que este software sea completamente seguro en términos de disponibilidad, autenticidad, confidencialidad e integridad. Crear una solución específica para ello permitiría ampliar la base de clientes, la rentabilidad y la facturación promedio (objetivos clave de la estrategia).

A nivel de Factores de crecimiento inorgánicos se decidió cerrar una fuerte alianza con una empresa distribuidora e implantadora de SAP líder en el mercado americano. ¿Te imaginas por qué? Está claro, la idea era vender el nuevo producto de ciberseguridad en todos los clientes de esa empresa bajo un acuerdo de compartición de facturación.

Pasemos ahora a los Facilitadores, por ejemplo, la implantación de una solución corporativa de CRM

("Customer Relationship Management") que permitiera una gestión más eficiente de los clientes y, especialmente, de los servicios post-venta.

Los dos siguientes apartados de la Estrategia de negocio requieren de un trabajo riguroso y extensivo para definir el Modelo financiero y el Plan de acción global.

A nivel financiero, el equipo de trabajo obtuvo un modelo que determinaba una inversión necesaria de 5 millones de dólares, con un retorno de la inversión esperado a treinta y dos meses.

Por otro lado, el Plan de acción global contemplaba las líneas de actuación de los Factores de crecimiento y los Facilitadores: por ejemplo, la creación de una nueva unidad de negocio con responsabilidades específicas en la venta del nuevo producto SAP, la ejecución de una campaña de Marketing específica para empezar a ser conocidos en ese segmento de mercado y la implantación de la solución corporativa de CRM.

Como has podido apreciar en este caso de estudio, la aplicación de BSB no es compleja. Es una forma estructurada y sencilla de comprender el Por qué (objetivos clave de negocio y situación de mercado), el Cómo (factores de crecimiento, facilitadores y modelo financiero) y el Qué (plan de acción global) de una Estrategia de negocio.

A continuación, vamos a revisar en detalle cada uno de los componentes del BSB. No obstante, antes te explicaré las diferencias principales entre dos ejercicios de planificación estratégica que se suelen confundir: la Estrategia de negocio y el Plan de negocio.

ESTRATEGIA VS PLAN DE NEGOCIO

Tal y como te he explicado anteriormente, la Estrategia es un marco de trabajo para la toma de decisiones sobre cómo gestionarás tu negocio. En definitiva, la Estrategia de negocio trata de dar respuesta a diferentes preguntas.

En primer lugar, las relacionadas con el Por qué:

—¿Cuáles son mis objetivos de negocio y los indicadores para medir su cumplimiento?

—¿Cuál es mi posicionamiento actual de mercado?

—¿Cuál es mi punto de partida para alcanzar dichos objetivos?

A continuación, las relacionadas con el Cómo:

—¿Qué soluciones (mix de productos y servicios) actuales debo potenciar para alcanzar las cuotas de crecimiento deseadas?

—¿Qué nuevas soluciones debo crear para alcanzar las cuotas de crecimiento deseadas?

—¿Debo expandirme geográficamente? ¿En qué países/continentes/mercados? ¿Es una opción expandirme a mercados emergentes?

—¿Cuáles son los facilitadores que posibilitarán la ejecución exitosa de la Estrategia de negocio?

—¿Cuáles es el plan financiero necesario para alcanzar los objetivos (ventas e inversiones)?

Y, finalmente, las relacionadas con el Qué:

—¿Qué plan de acción debo ejecutar?

Como puedes apreciar, la Estrategia de negocio es un método estructurado que permite definir un plan de acción específico para alcanzar los objetivos definidos.

Sin embargo, es un ejercicio de planificación estratégica diferente al desarrollo del Plan de negocio. En este apartado, vamos a analizar las diferencias entre el Plan de negocio y la Estrategia de negocio. En principio, podría parecer que ambas iniciativas son lo mismo, pues ambas se orientan al desarrollo y crecimiento de un negocio. De hecho, en numerosas ocasiones la Estrategia de negocio se confunde con el Plan de negocio. Esto ocurre mayoritariamente en las start-ups, donde se confunde la necesidad de desarrollar un Plan de negocio con el que convencer a los inversores, con la necesidad de desarrollar una Estrategia de negocio para hacer crecer un negocio ya existente.

En ese sentido, hay una palabra clave que diferencia la Estrategia de negocio del Plan de negocio. Esa palabra es "crear", la creación o no de una empresa. Es decir, más allá de definiciones académicas, la Estrategia se utiliza para desarrollar negocios ya existentes y el Plan para crearlos.

Adicionalmente, los ejes de análisis en ambos ejercicios de planificación son diferentes (aunque parte del análisis realizado en el Plan se puede reaprovechar para la Estrategia). A continuación, se describen los diferentes componentes del Plan de negocio y su posible influencia o reutilización en la definición de la Estrategia de negocio.

Empecemos por la Misión, es decir, la definición de la razón de ser de la compañía (que se refiere al presente). Esta definición es una información clave que se deberá revisar en la definición de la Estrategia de negocio.

Continuemos con la Visión, es decir, la imagen aspiracional a futuro de la compañía (que se refiere al medio-largo plazo). Esta definición es también una información clave que se deberá revisar en la definición de la Estrategia de negocio.

Pasemos ahora a los Objetivos estratégicos del Plan de negocio (en términos de crecimiento, posicionamiento, etc.). La Estrategia de negocio debe regirse por dichos objetivos y actualizarlos, si procede.

A continuación, el Plan de negocio incluye un análisis del entorno formado por el Análisis de factores PEST (análisis de factores de contexto Políticos, Tecnológicos, Sociales y Legales que pueden influir en el negocio) y el Análisis de mercado. El PEST será también una información clave que se deberá utilizar en la definición de la Estrategia de negocio. Sin embargo, el Análisis de mercado es un componente clave que se actualizará durante la definición de la Estrategia de negocio.

A continuación, el Plan de negocio incluirá un Análisis Interno, con el DAFO (análisis de debilidades, fortalezas, amenazas y oportunidades para la compañía) y el Análisis del entorno competitivo PORTER. Ambos ejercicios se reutilizarán también durante la definición de la Estrategia de negocio.

Los siguientes componentes del Plan de negocio serán tenidos también en cuenta para la Estrategia de negocio. Son el Plan de operaciones (con la definición de las Líneas de producto y/o servicio, el Modelo operativo y el Modelo organizativo), el Plan de marketing, el Plan financiero y el Plan de acción.

Finalmente, los últimos apartados del Plan de negocio no se utilizarán en la definición de la Estrategia (aspectos jurídicos y equipo promotor).

La siguiente tabla resume el análisis realizado:

Componente del Plan de negocio	Descripción	Influencia en la Estrategia de negocio
Posicionamiento		
Misión de la compañía	Definición de la razón de ser de la compañía. Se refiere al presente.	La Misión es una información relevante para la Estrategia de negocio
Visión de la compañía	Imagen aspiracional a futuro de la compañía. Se refiere al medio-largo plazo.	La Visión es una información relevante para la Estrategia de negocio
Objetivos estratégicos	Objetivos estratégicos de la compañía (en términos de crecimiento, posicionamiento, etc.)	La Estrategia de negocio debe regirse también por dichos objetivos. Los actualizará, si procede.
Análisis del entorno		
Análisis de factores PEST	Análisis de factores de contexto Políticos, Tecnológicos, Sociales y Legales que pueden influir en el negocio.	El análisis PEST es una información relevante para la Estrategia de negocio.
Análisis de mercado	Principales datos del mercado en el que la compañía operará.	El Análisis de mercado es un componente clave que se repetirá/actualizará durante la Estrategia de negocio.
Análisis interno		
Análisis DAFO	Análisis de debilidades, fortalezas, amenazas y oportunidades para la compañía	El análisis DAFO es una información relevante para la Estrategia de negocio.
Análisis del entorno competitivo PORTER	Análisis en cinco ejes sobre posicionamiento y entorno competitivo: • Nuevos entrantes. • Proveedores. • Sustitutos. • Clientes. • Competencia.	El análisis PORTER es una información relevante para la Estrategia de negocio.

Plan de operaciones		
Líneas de producto y/o servicio	Descripción de Qué va a vender la compañía y la propuesta de valor asociada	La descripción de Líneas de producto y/o servicio es una información relevante para la Estrategia de negocio. Se actualizarán en la matriz de Ansoff.
Modelo operativo	Descripción de Cómo va a operar la Compañía	El Modelo operativo es una información relevante para la Estrategia de negocio.
Modelo organizativo	Cómo se va a organizar la Compañía	El Modelo organizativo es una información relevante para la Estrategia de negocio.
Plan de marketing	Incluyendo: • Reflexión estratégica • Posicionamiento • Marketing mix (objetivos, producto/servicio, precio), distribución, promoción • Clientes objetivo • Presupuesto	El Plan de marketing es una información relevante para la Estrategia de negocio.
Plan de acción	Incluyendo detalle de acciones, calendario y responsables.	El Plan de acción es una información relevante para la Estrategia de negocio. Se actualizará y se creará uno específico para la implantación de la estrategia definida.
Plan financiero	Incluyendo: hipótesis, cuenta de pérdidas y ganancias, balances provisionales, circulante, flujo de caja e indicadores financieros.	El Plan financiero es una información relevante para la Estrategia de negocio.
Aspectos jurídicos	Fórmula jurídica, patentes y licencias, etc.	No se utilizará en la Estrategia de negocio
Equipo promotor	Currículum del equipo promotor	No se utilizará en la Estrategia de negocio

Como resultado del análisis realizado se observa que la Estrategia de negocio se apoya en información procedente del Plan de negocio. No obstante, dichos procesos tienen únicamente cuatro ejes de análisis en común: el análisis de mercado, la descripción de las líneas de producto/servicio, el plan financiero y el plan de acción.

Esa es la razón por la que no se debe confundir el Plan

de negocio con la Estrategia de negocio. Desde un punto de vista práctico, son dos procesos de planificación estratégica diferentes que persiguen objetivos diferentes.

A continuación, se describe en detalle la metodología para desarrollar la Estrategia de negocio.

OBJETIVOS CLAVE DE NEGOCIO

Empecemos con la primera actividad de la Estrategia de negocio: identificar los objetivos clave.

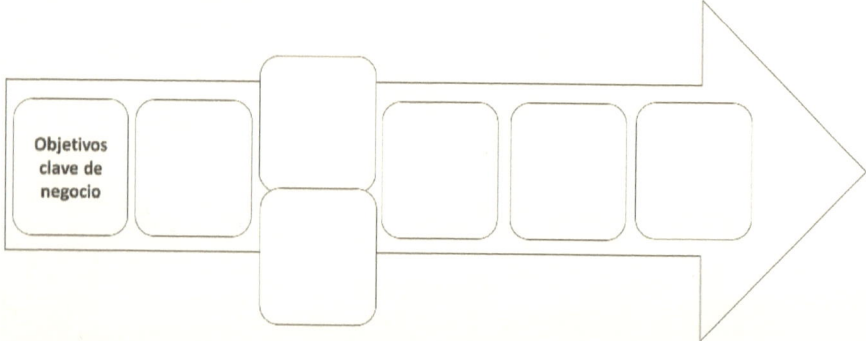

Lo primero que nos podemos preguntar es ¿por qué debemos empezar por aquí? La respuesta es muy sencilla: porque las líneas de acción de la Estrategia de negocio deben estar completamente orientadas a alcanzar dichos objetivos.

Imaginemos que una compañía de servicios ha decidido potenciar su negocio de externalización ("outsourcing") en detrimento del de consultoría. Normalmente, esta decisión se toma para consolidar la facturación de una compañía a largo plazo. Ese es, por lo tanto, uno de sus objetivos estratégicos clave. ¿Se puede definir una línea de acción en la Estrategia de negocio orientada a alcanzar el crecimiento potenciando el negocio de Consultoría? Lógicamente, no.

En el caso de estudio de Cyberlog quedaba claro también el alineamiento de la estrategia definida con los objetivos clave de negocio. El Consejo tenía como objetivo principal volver a crecer, y se definía una estrategia para ello, basada principalmente en la creación de una nueva unidad de negocio para la venta de un nuevo producto de ciberseguridad sobre SAP.

Pero ¿cómo se pueden definir los Objetivos clave de negocio? Fácil, en realidad constituyen un número reducido de metas a medio-largo plazo perseguidas por la Estrategia de negocio y que atienden a diferentes perspectivas:

—Financiera: objetivos de crecimiento (en el caso de estudio de Cyberlog "aumentar la rentabilidad hasta un EBITDA de 16% sobre ventas").

—Cliente: nivel de impacto y relevancia sobre nuestros clientes finales (en el caso anterior de Cyberlog, "aumentar la cuota de mercado de 2.460 a 3.500 clientes").

—Interna: eficiencia y eficacia en las operaciones internas.

—Talento: nivel de éxito en la gestión de las personas y los equipos de trabajo.

El cumplimiento de dichos objetivos debe ser medible a través de diferentes métricas, que han de ser simples, objetivas y fáciles de entender. Son los llamados KPIs (siglas de *Key Performance Indicators* en inglés, o Indicadores Clave de Rendimiento). En el caso de la definición de Estrategias de negocio, los KPIs son métricas que se van a utilizar para medir el éxito de su implantación. En el caso de Cyberlog, un ejemplo de KPI sería el EBITDA (debe ser superior a un 16% sobre ventas después de poner en marcha la estrategia).

Así pues, el primer paso de una Estrategia de negocio es definir los objetivos clave y sus KPIs. Dichos objetivos se pueden representar con la siguiente tabla:

Perspectiva	Objetivos clave de negocio	KPI	Umbral
Financiera	.....	.....	.....
Cliente	.....	.....	.....
Interna	.....	.....	.....
Personas	.....	.....	.....

El Umbral es el valor objetivo que un KPI se espera que alcance en un período de tiempo determinado (el 16% anterior). Mediante la comparación de los resultados esperados con los obtenidos, se podrá concluir si la Estrategia de negocio está siendo o no exitosa. En caso negativo, se deberán emprender las acciones correctoras necesarias. Por lo tanto, en la puesta en marcha de cualquier Estrategia de negocio se deberán implantar procedimientos de revisión del cumplimiento de los objetivos clave. Para ello, se medirá el valor de los KPIs y su desviación con respecto a los umbrales establecidos.

Veamos un nuevo ejemplo. Imaginemos una startup de Sanidad ubicada en UK que desarrolla aplicaciones móviles para Salud. Supongamos que dicha startup se llama HealthApp. A continuación, se presentan ejemplos de lo que podrían ser los Objetivos clave de su Estrategia de negocio y sus posibles KPIs:

Perspectiva	Objetivos clave de negocio	KPI	Umbral
Financieros	Crecer a doble dígito durante los próximos tres años	Ventas/Facturación	15% de crecimiento anual
Cliente	Ampliar la base de clientes en hospitales	Número de hospitales que usan las aplicaciones móviles	>=50
Interna	Reducir los costes de prueba del software	Costes de pruebas del software	<20% del producto final
Personas	Incrementar la satisfacción de los programadores	Nivel de satisfacción de los programadores	>=95%

Como puedes observar, se deben identificar objetivos para todas las perspectivas del negocio. Lee en detalle los datos del ejemplo porque HealthApp será un caso de estudio con el que trabajaremos a lo largo de todo el libro.

A continuación, te muestro ejemplos de objetivos clave que se suelen utilizar habitualmente para que los uses durante el desarrollo de tu propia Estrategia de negocio:

Perspectiva	Objetivo clave de negocio	KPI	Ejemplo Umbral
Financiera	Duplicar el tamaño del negocio en los próximos cinco años	Ventas y facturación	40 millones de dórales (doble del actual)
	Incrementar en tres puntos básicos la rentabilidad en los próximos cinco años.	EBITDA	20% sobre Ventas
Cliente	Adquirir nuevos clientes	Número de nuevos clientes	10 nuevos clientes cada año
	Incrementar el nivel de satisfacción de los clientes	Nivel de satisfacción medio de los clientes	>=9.0
	Incrementar el posicionamiento de mercado en los próximos tres años.	%Cuota de mercado	>=40%
Interna	Reducir los costes de aprovisionamiento en los próximos dos años	Costes de compra	Reducción del 2.5% anual
	Mayor eficiencia en el desarrollo de nuevos productos	Tiempo de mercado	<1 Año
Personas	Mejorar el nivel de satisfacción del empleado	Nivel de satisfacción del empleado	>=9.5
	Mejorar capacidades de los empleados	Horas de formación por empleado	+170 horas

Más claro, ¿no? No obstante, antes de pasar a la siguiente lectura te quería plantear un ejercicio. ¿Podrías definir los Objetivos clave de negocio de una compañía cotizada del Nasdaq? No necesitas escribir un documento de doscientas páginas, únicamente identificar tres objetivos clave con sus perspectivas.

ANÁLISIS DE MERCADO

Una vez hemos definido los Objetivos clave de negocio, debemos abordar la siguiente actividad de BSB, el Análisis de mercado.

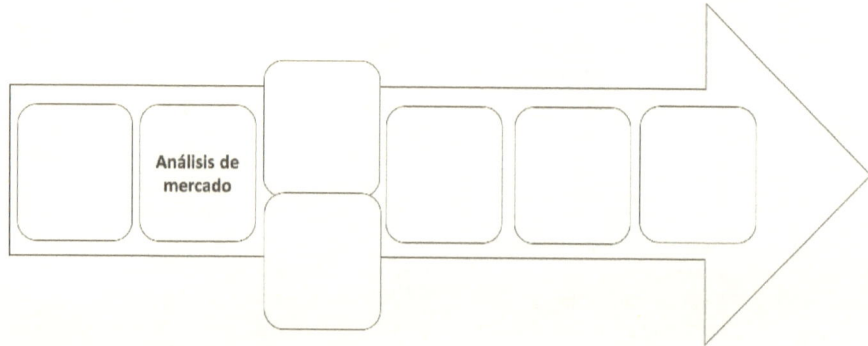

Es decir, para definir una Estrategia de negocio es necesario evaluar previamente el contexto y el potencial del mercado objetivo. En definitiva, se trata de responder a la pregunta ¿"Cómo se estructura el mercado y cuál es nuestro posicionamiento?" mediante el análisis de 10 puntos clave:

1. ¿Cuál es la naturaleza del mercado en el que operamos?
2. ¿Cuáles son los principales retos de los clientes en este mercado?
3. ¿Dichos retos abren nuevas oportunidades de negocio?
4. ¿Cuál es el tamaño potencial de mercado?
5. ¿Dicho mercado es estable, crece o decrece?
6. ¿Cuál es nuestra cuota de mercado (el llamado "market share" en inglés)?
7. ¿Quiénes son nuestros clientes hoy y qué compran?
8. ¿Quiénes son nuestros segmentos de clientes "naturales"?

9. ¿Cuáles son nuestros productos o servicios principales?

10. ¿Cuál es nuestra posición en relación con la competencia?

Responder a estas preguntas es absolutamente necesario para identificar los diferentes Factores de crecimiento, siguiente paso de la Estrategia de negocio. Los Factores de crecimiento deben dar respuesta siempre a los retos de cliente identificados durante este análisis y estar alineados con el posicionamiento actual del negocio.

Para dar respuesta a las preguntas planteadas anteriormente, debemos llevar a cabo los siguientes pasos.

Primero, realizaremos un análisis de las fuentes primarias de información, es decir, nuestro propio conocimiento del mercado, el de los expertos de nuestra compañía y el de nuestros clientes. En este último caso, pregúntales aquello que quieres conocer como resultado del Análisis de mercado. Por ejemplo, ¿cuál es su agenda? ¿Cuáles son sus principales retos? ¿Qué esperan de vuestra compañía? Focalízate en sus retos. Puedes recopilar dicha información utilizando encuestas, observación directa o entrevistas. En general, lo mejor es utilizar entrevistas presenciales.

Una vez tengas tu propio punto de vista y el del cliente, empieza a revisar otras fuentes de información (las llamadas fuentes secundarias). Es decir, bases de datos, publicaciones especializadas y contenidos sobre el mercado. Internet es una gran fuente de información secundaria. Aprende todo lo que puedas sobre la evolución del mercado en los últimos años. Esa información te permitirá predecir el comportamiento de los clientes a medio-largo plazo. En algunos casos, será necesario también comprar informes de mercado a compañías de investigación.

Continuemos con el ejemplo de HealthApp, la startup de Sanidad ubicada en UK que desarrolla aplicaciones móviles.

A continuación, se presenta un ejemplo de lo que podría ser su Análisis de mercado (el ejemplo presentado es un resumen ejecutivo de un Análisis de mercado real realizado).

En primer lugar, hablemos de la naturaleza del mercado en el que operamos. El mercado de la Salud en UK está gestionado por diferentes actores: el sistema público (mayoritario en términos de facturación y representado por el *National Health Service*) y el privado. En ambos sectores tenemos pagadores y proveedores de salud.

Pasemos ahora a los principales retos de clientes que podrían resumirse en: la gestión de pacientes crónicos, la escasa eficiencia en la utilización de los recursos clínicos, la insuficiente productividad de los profesionales médicos y la necesidad de evolucionar hacia una medicina proactiva donde los pacientes puedan tomar sus propias decisiones de salud.

¿Dichos retos abren nuevas oportunidades de negocio? La respuesta es "Sí". La contribución potencial de las aplicaciones móviles a la resolución de los retos de negocio planteados es evidente. Ejemplos de aplicaciones que se pueden vender son: soluciones móviles de Historia Clínica Electrónica (*Electronic Health Record* o EHR en inglés), aplicaciones móviles de gestión de pacientes crónicos y soluciones de movilidad para compañías farmacéuticas.

Para la determinación del tamaño de mercado utilizaremos informes de diferentes consultoras como fuente secundaria de información. En general, todas ellas nos dicen que el mercado de las aplicaciones móviles en Salud tiene un potencial de varios billones de dólares. Dicho mercado crece a doble dígito cada año y nuestra empresa tiene una cuota de mercado inferior al 1%.

En relación con nuestros clientes, el NHS es el principal, representando el 60% de nuestro negocio. Dicha organización compra principalmente nuestra solución para el soporte al diagnóstico clínico.

En ese sentido, dos aplicaciones representan actualmente el 75% de nuestro negocio: la aplicación de gestión de pacientes crónicos con diabetes y la solución de soporte al diagnóstico de pacientes. Por lo tanto, nuestro segmento natural de clientes son los Hospitales.

Y, finalmente, podemos decir que nuestros principales competidores son las consultoras con verticales de Salud que ofrecen desarrollos propios a los clientes.

La siguiente tabla sumariza el análisis realizado:

Pregunta	Respuesta
1. ¿Cuál es la naturaleza del mercado en el que operamos?	Sistema sanitario mayoritariamente público (National Health Service, NHS)
2. ¿Cuáles son los principales retos de los clientes en este mercado?	Gestión de pacientes crónicos, escasa eficiencia, insuficiente productividad y necesidad de evolución hacia una medicina proactiva.
3. ¿Dichos retos abren nuevas oportunidades de negocio?	Sí. La contribución potencial de las aplicaciones móviles a la resolución de los retos de negocio planteados es sustancial.
4. ¿Cuál es el tamaño potencial de mercado?	Billones de dólares
5. ¿Dicho mercado es estable, crece o decrece?	Crece a doble dígito anual
6. ¿Cuál es nuestra cuota de mercado?	Inferior al 1%
7. ¿Quiénes son nuestros clientes hoy y qué compran?	El cliente mayoritario es el NHS (60% de nuestro negocio) y compra principalmente nuestra solución para el soporte al diagnóstico clínico.
8. ¿Quiénes son nuestros segmentos de clientes "naturales"?	Nuestro segmento natural de clientes son los Hospitales.
9. ¿Cuáles son nuestros productos o servicios principales?	Dos aplicaciones representan actualmente el 75% de nuestro negocio: la aplicación de gestión de pacientes crónicos con diabetes y la solución de soporte al diagnóstico de pacientes.
10. ¿Cuál es nuestra posición en relación con la competencia?	Nuestros principales competidores son las consultoras con verticales de Salud.

Como puedes ver, el Análisis de mercado permite conocer el punto de partida y ayuda a determinar nuevos productos o servicios que podemos vender como parte de la Estrategia de negocio.

Antes de pasar a la siguiente lectura, te quiero plantear un ejercicio. Realiza un Análisis de mercado de la venta de soluciones de Inteligencia Artificial. Como fuente secundaria de información, puedes utilizar también información pública de consultoras.

FACTORES DE CRECIMIENTO ORGÁNICO

Una vez se han definido los Objetivos clave de negocio y analizado el contexto de mercado, es necesario identificar la estrategia necesaria para alcanzar los objetivos de crecimiento definidos. Son los llamados Factores de crecimiento en BSB.

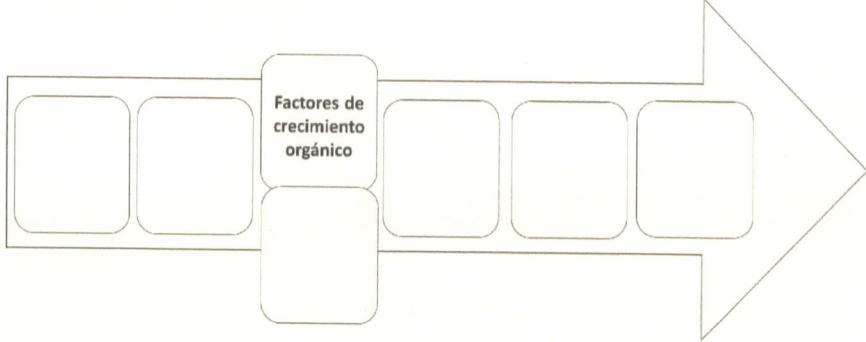

Existen dos tipos de Factores de crecimiento: orgánicos e inorgánicos. Los orgánicos o internos son los que se soportan en las soluciones actuales y/o futuras procedentes de la propia empresa. Los inorgánicos o externos se soportan en terceros, a través de alianzas, fusiones o adquisiciones.

Para la definición de los Factores de crecimiento orgánicos utilizaremos la matriz de Ansoff, también denominada matriz producto-mercado. Esta matriz es una de las principales herramientas de estrategia empresarial y de marketing estratégico. Fue creada por el estratega Igor Ansoff en el año 1957.

No obstante, antes de explicar qué es esta matriz te voy a hablar del concepto de Mercado. Con una visión práctica, un mercado es una agrupación de clientes. Por ejemplo, si hablamos de entrar en un nuevo mercado de Seguros, hablamos de vender directamente seguros o de vender mi producto a las empresas de seguros. Si hablamos de entrar en el mercado chino, lo hacemos del conjunto de clientes potenciales que hay en ese país (sean empresas y/o consumidores finales).

Bien, hecha está aclaración, veamos cómo desarrollar la matriz de Ansoff. Esta matriz relaciona los productos o soluciones con los clientes, clasificando al binomio solución-cliente en base al criterio de novedad o actualidad. Como resultado obtenemos cuatro cuadrantes con información precisa sobre cuál es la mejor opción a seguir para lograr el mayor crecimiento orgánico de la empresa.

El primer cuadrante es el de Soluciones existentes en Clientes existentes (también llamado Penetración de mercado). En él se busca el crecimiento a través del incremento de ventas de las soluciones existentes en los clientes existentes, mediante nuevas técnicas de venta y/o tácticas más agresivas de promoción y distribución. Esta estrategia persigue, por lo tanto, un incremento de la cuota en los mercados existentes adaptando las soluciones existentes para dar respuesta a los retos identificados en el Análisis de mercado.

El segundo cuadrante es el de Soluciones existentes en Clientes nuevos (también llamado Desarrollo de mercado). En él se busca el crecimiento a través del incremento de ventas de las Soluciones existentes en Nuevos clientes. Esta estrategia persigue, por lo tanto, una expansión a nuevos mercados adaptando las soluciones existentes para dar respuesta a los retos de los clientes de dichos mercados.

El tercer cuadrante es el de Soluciones nuevas en Clientes existentes (también llamado Desarrollo de soluciones). En él se busca el crecimiento a través del desarrollo de nuevas soluciones y su venta en los clientes existentes.

El cuarto y último cuadrante es el de Soluciones nuevas en Clientes nuevos (también llamado Diversificación). En él se busca el crecimiento a través del desarrollo de nuevas soluciones y su venta en nuevos clientes.

A continuación, te voy a explicar cómo integrar los Factores de crecimiento orgánico en la Estrategia global de Negocio.

PENETRACIÓN DE MERCADO

Empecemos por el cuadrante número 1: la combinación de Soluciones existentes con Clientes existentes.

Como parte de la Estrategia de negocio se debe analizar la posibilidad de alcanzar los objetivos de crecimiento definidos mediante un incremento de las ventas de las Soluciones existentes en los Clientes existentes (incremento de la Penetración de mercado).

Para ello, se deben identificar cuáles son las soluciones existentes que pueden producir un mayor crecimiento en los mercados existentes, analizándolas en dos ejes.

El primer eje es el del Atractivo de mercado. Para ello, debemos valorar las siguientes variables para cada Factor de crecimiento:

—Tamaño estimado de mercado: tener un potencial de mercado relevante.

—Márgenes de operación: presentar márgenes elevados.

—Nivel de competencia: la competencia no existe o se puede batir con facilidad.

—Capacidad de diferenciación: nuestra propuesta de valor puede ser diferencial frente a la de nuestros competidores.

—Posicionamiento actual y futuro: tenemos un posicionamiento razonable en la actualidad y puede mejorar sustancialmente a futuro.

El segundo eje es de la Viabilidad de la solución y el alineamiento con el negocio. Para ello, debemos valorar las siguientes variables para cada Factor de crecimiento:

—Alineamiento del factor con las capacidades actuales de la compañía.

—Alineamiento del factor con las Objetivos clave de negocio.

—Nivel de cobertura a los retos de cliente.
—Nivel de inversión requerido.
—Riesgo: los riesgos asociados son mínimos y/o gestionables.

Pensemos en HealthApp. ¿Es interesante pensar en potenciar la solución móvil de soporte al diagnóstico de pacientes actualmente existente? Sin duda lo es. Esta solución está alineada con las capacidades actuales y los objetivos de negocio de la compañía que eran los siguientes:

Perspectiva	Objetivos clave de negocio
Financieros	Crecer a doble dígito durante los próximos tres años
Cliente	Ampliar la base de clientes en hospitales
Interna	Reducir los costes de prueba del software
Personas	Incrementar la satisfacción de los programadores

En concreto, su venta a nuevos hospitales nos puede permitir ampliar la base de clientes. Además, ofrece una respuesta clara a los retos de clientes en Sanidad, y muy especialmente al aumento de la productividad y la eficiencia. Finalmente, también presenta un tamaño de mercado relevante (eso es lo que nos ha dicho el Análisis de mercado, la sanidad digital tiene un potencial de billones de dólares). Lo mismo ocurriría con la aplicación de gestión de pacientes crónicos con Diabetes.

Una vez hemos determinado que una combinación solución existente-mercado existente puede ser una línea de actuación clave de la Estrategia de negocio, la clasificaremos en:

—Alto potencial: se espera que soporte la mayor parte del crecimiento de los próximos años.

—Crecimiento sostenido: tendrá cierta relevancia en el crecimiento de los próximos años.

—Crecimiento plano: no se espera crecimiento en las

ventas para los próximos años.

—No prioritario: no se potenciará esta combinación solución-mercado (incluso se podría descontinuar).

La siguiente tabla resume esta clasificación:

Clasificación	Atractivo de mercado	Viabilidad y Alineamiento con el Negocio
Alto potencial	Alto	Alto
Crecimiento sostenido	Medio	Alto
Crecimiento plano	Medio	Medio
No prioritario	Bajo	Bajo

Lógicamente, como parte de la Estrategia de negocio, se priorizarán las combinaciones caracterizadas como de "Alto potencial".

DESARROLLO DE MERCADO

Pasemos ahora al cuadrante número 2: la identificación de las áreas de crecimiento basadas en la combinación de Soluciones existentes y Clientes nuevos (Desarrollo de Mercado).

Los negocios necesitan operar cada vez más de manera global e internacional. Por un lado, se están eliminando barreras comerciales, lo que genera nuevas oportunidades de negocio. Por otro lado, en los mercados locales aparecen nuevos competidores internacionales, lo que provoca que las empresas tengan que replantearse sus estrategias. Adicionalmente, ante posibles escenarios de inestabilidad económica mundial, la internacionalización del negocio se ha convertido en una necesidad para las empresas como alternativa de rentabilidad, acceso a nuevos clientes y crecimiento.

Dentro de este contexto, la Estrategia de negocio debe analizar la posibilidad de alcanzar las cuotas de crecimiento a partir de la expansión a nuevos mercados, es decir, la venta de las Soluciones existentes en Clientes nuevos.

Por lo tanto, una vez definidos los Objetivos clave de negocio, se debe analizar la posibilidad de alcanzar los objetivos de crecimiento definidos mediante un incremento de las ventas de las Soluciones existentes en Clientes nuevos.

En relación con la expansión geográfica, los mercados emergentes son los que actualmente ofrecen mayores posibilidades de crecimiento. En concreto, este tipo de países ofrecen un potencial muy atractivo dado el alto crecimiento futuro esperado (por encima del 20%) y el interés por situarse al mismo nivel de países desarrollados propiciando un clima de negocio favorable.

China, con más de un billón de consumidores, es un excelente mercado donde expandirse (recuerda el caso de Apple).

América del Sur presenta un crecimiento sustancial de su renta per cápita, posibilitando el desarrollo de la población (mayor cualificación profesional), así como el establecimiento de nuevos marcos comerciales a nivel institucional incrementando la estabilidad de los negocios y disminuyendo el riesgo.

África constituye un mercado aun sin explotar, con grandes necesidades de importar todo tipo de bienes y servicios para su total desarrollo. El creciente interés de los gobiernos europeos y americanos está favoreciendo el establecimiento de acuerdos multilaterales con países de este continente, lo que dota de seguridad a los acuerdos comerciales.

Y, finalmente, India, donde el acceso a un mercado potencial de gran volumen resulta de enorme interés.

A modo de conclusión, para que te hagas una idea de la importancia de la expansión geográfica, te diré que los Estados Unidos son la segunda mayor economía del mundo en términos de exportación. De acuerdo con el Banco Mundial (World Bank), en 2016 este país exportó cerca de 1.45 trillones de dólares.

Por lo tanto, debemos valorar todos estos mercados y otros, para identificar los Nuevos clientes donde expandir el negocio y clasificar la combinación Solución-Mercado según se ha hecho anteriormente (Alto potencial, Crecimiento sostenido, Crecimiento plano, No prioritario).

Clasificación	Atractivo de mercado	Viabilidad y Alineamiento con el Negocio
Alto potencial	Alto	Alto
Crecimiento sostenido	Medio	Alto
Crecimiento plano	Medio	Medio
No prioritario	Bajo	Bajo

Por ejemplo, volvamos a nuestra startup de Salud. ¿Sabes que, de acuerdo con datos de los principales analistas de mercado, China, India y Japón liderarán el mercado de las aplicaciones móviles en Salud para Asia Pacífico? Además, podríamos establecer un acuerdo con un socio local para maximizar la Viabilidad de la operación. Por lo tanto, no parece mala idea expandirnos a dicho mercado.

Una vez más, como parte de la Estrategia de negocio, se priorizarán las combinaciones caracterizadas como de "Alto potencial".

DESARROLLO DE SOLUCIONES

Pasemos ahora al cuadrante número 3: la identificación de las áreas de crecimiento basadas en la combinación de Soluciones nuevas y Clientes existentes (Desarrollo de soluciones).

El Desarrollo de soluciones nuevas es una pieza clave en la definición de la Estrategia de negocio, porque la Innovación es una de las principales palancas de crecimiento rentable. Por lo tanto, ahora debemos analizar la posibilidad de alcanzar las cuotas de crecimiento definidas en la Estrategia de negocio mediante la creación de Soluciones nuevas para su venta en los Clientes existentes.

El equipo de la estrategia de negocio deberá diseñar nuevas soluciones caracterizadas que estén alineadas con los criterios de Atractivo de mercado, viabilidad de la solución y alineamiento con el negocio que te he explicado anteriormente.

Una vez identificada una nueva solución, y su mercado correspondiente, la documentaremos como parte de la estrategia.

En primer lugar, su propuesta de valor, es decir, aquello que ofrecerás como parte de la solución y que te hace diferente de la competencia. Sin embargo, hay un matiz en esta definición. En realidad, es mejor decir que la Propuesta de valor es aquello que te hace diferente y por lo que tu cliente está dispuesto a pagar. Este es un punto crítico en la definición de cualquier nueva solución. Mucha gente cree que tiene la idea del siglo, pero, demasiado tarde, se da cuenta de que ningún cliente está dispuesto a pagar por ella.

Y, finalmente, el alineamiento de la nueva solución con los retos de negocio identificados.

Una vez definidas y documentadas las combinaciones de solución-mercado, se debe proceder a su priorización en función de los criterios definidos anteriormente:

Clasificación	Atractivo de mercado	Viabilidad y Alineamiento con el Negocio
Alto potencial	Alto	Alto
Crecimiento sostenido	Medio	Alto
Crecimiento plano	Medio	Medio
No prioritario	Bajo	Bajo

Lógicamente, como parte de la Estrategia de negocio se priorizarán las combinaciones caracterizadas como de "Alto potencial".

Pensemos en HealthApp. ¿Se te ocurren soluciones nuevas para vender en los clientes actuales de UK? En el Análisis de mercado hemos visto un ejemplo: soluciones móviles de EHR.

DIVERSIFICACIÓN

Terminemos con el cuadrante número 4: la combinación de Soluciones nuevas con Clientes nuevos.

Como parte de la Estrategia de negocio se debe analizar la posibilidad de alcanzar los objetivos de crecimiento definidos mediante la creación de Soluciones nuevas para su venta en Clientes nuevos (Diversificación).

Para ello, se repetirá el proceso desarrollado en la lectura anterior, pero pensando en Nuevos clientes potenciales en los que nos podemos expandir.

Como resultado de este análisis se obtendrá la lista priorizada de Soluciones nuevas/Clientes nuevos atendiendo a los siguientes criterios:

Clasificación	Atractivo de mercado	Viabilidad y Alineamiento con el Negocio
Alto potencial	Alto	Alto
Crecimiento sostenido	Medio	Alto
Crecimiento plano	Medio	Medio
No prioritario	Bajo	Bajo

Lógicamente, como parte de la Estrategia de negocio, se priorizarán las combinaciones caracterizadas como de "Alto potencial".

Pensemos nuevamente en HealthApp. ¿Se te ocurren soluciones nuevas para vender en clientes nuevos? Antes hemos identificados una: soluciones de movilidad para compañías farmacéuticas.

DOCUMENTACIÓN DE FACTORES DE CRECIMIENTO ORGÁNICO

En este apartado vamos a ver cómo se documentan los Factores de crecimiento orgánico identificados como parte de la Estrategia de negocio.

En primer lugar, se incluirá una tabla con la relación detallada de los posibles Factores de crecimiento orgánico identificados. Para ello, se utilizará la siguiente plantilla:

Factor de crecimiento orgánico	Nuevos Clientes	Propuesta de Valor	Alineamiento con los retos de cliente	Tipo de Factor
Soluciones existentes/Clientes existentes				
Nombre	N/A	Valor aportado por nuestra solución al cliente en relación con sus retos identificados.	¿Qué retos específicos de nuestros clientes permitirán ser gestionados mejor con nuestra solución?	Alto potencial Crecimiento sostenido Crecimiento plano No prioritario
Soluciones existentes/Clientes nuevos				
Nombre	Especificar nuevos clientes y/o mercados (p.e. Asia)	...	...	...
Soluciones nuevas/Clientes existentes				
Nombre	N/A	...	...	...
Soluciones nuevas/Clientes nuevos				
Nombre	Especificar nuevos clientes y/o mercados	...	...	...

Es decir, para cada Factor de crecimiento se detallarán los nuevos clientes/mercados a los que afecta (se pondrá "No aplica" en caso de factores soportados en clientes existentes), su propuesta de valor, el nivel de alineamiento con los retos de cliente identificados y su categorización (Alto potencial, Crecimiento sostenido, Crecimiento plano o No prioritario).

A continuación, se incluirá una representación de todos los Factores de crecimiento orgánico de acuerdo con la matriz de Ansoff.

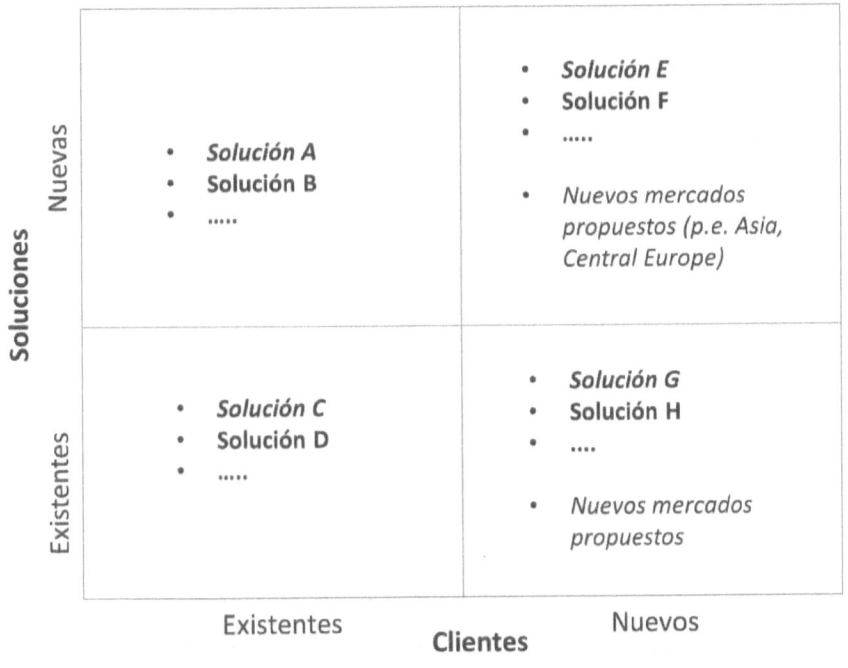

- *Alto potencial*: permitirá el hiper-crecimiento durante los próximos años.
- *Sostenido*: permite un crecimiento sostenido con inversiones moderadas.

Luego, se incluirá una representación sumaria del alineamiento de los Factores de crecimiento orgánico con los retos identificados (de forma que se pueda verificar que los factores cubren todos los retos de cliente, o detectar posibles oportunidades en caso contrario):

Factor/Retos	Reto 1	Reto 2	....	Reto n
Solución 1	X		X	
....	X	X	X	
Solución n	X	X	X	

Una vez se han documentado los Factores de crecimiento orgánico, se realizará una definición detallada de los que han sido categorizados como de "Alto potencial" y "Crecimiento sostenido". El objetivo de este ejercicio es facilitar la comprensión de las estrategias de crecimiento que han sido seleccionadas como clave.

Para ello, en primer lugar, se incluirá el nombre y descripción del factor con las previsiones financieras que justifican su categorización. Se detallará las ventas, facturación y margen esperado en los próximos años:

x $1000	Año1	Año2	Año3	Año4	Año5
Total de Ventas y Facturación	0,000	0,000	0,000	0,000	0,000
Margen%	0%	0%	0%	0%	0%

Posteriormente, se incluirá la relación de KPIs definidos en los Objetivos clave de negocio que se verán impactados por este factor (y que utilizaremos para medir el éxito de la Estrategia de negocio).

Luego, se describirá información relacionada con los clientes.

—Relación de clientes objetivo.

—Relación de oportunidades en curso.

—Nivel de competencia: una reflexión general sobre nuestros competidores; "qué harán ellos para ganarnos" y "qué haremos nosotros para ganarles".

Finalmente, se desarrollará el Plan de Acción necesario para implantar los Factores de crecimiento orgánico de alta prioridad. Este plan formará parte del plan global de implantación de la Estrategia de negocio que te explicaré más adelante.

FACTORES DE CRECIMIENTO ORGÁNICO: EJEMPLO HEALTHAPP

Veamos ahora el ejemplo de desarrollo y documentación de los Factores de crecimiento orgánico para HealthApp.

Recordemos que la compañía opera en UK y, actualmente, dos aplicaciones representan el 75% de su negocio: la aplicación de gestión de pacientes crónicos con diabetes y la solución de soporte al diagnóstico de pacientes.

Además, como resultado del Análisis de mercado, se descubrió que los retos principales de cliente eran la gestión de pacientes crónicos, la escasa eficiencia en la utilización de los recursos clínicos, la insuficiente productividad de los profesionales médicos y la necesidad de evolucionar hacia una medicina proactiva donde los pacientes puedan tomar sus propias decisiones de salud.

Empecemos con la tabla sumario de Factores de crecimiento orgánico. Tras realizar el análisis se obtienen las conclusiones representadas en la siguiente tabla:

Solución	Nuevos Clientes	Propuesta de Valor	Alineamiento con los retos de cliente	Tipo de Factor
Soluciones existentes/Clientes existentes				
Aplicación de gestión de pacientes crónicos con Diabetes	N/A	Mejora de la calidad de vida y eficiencia diagnóstica en pacientes con Diabetes	Cubre todos los retos identificados, especialmente la cronicidad	Crecimiento plano
Solución de soporte al diagnóstico de pacientes.	N/A	Optimización de costes de diagnóstico mediante la utilización de Inteligencia Artificial	Mejora de la eficiencia en la utilización de recursos y productividad de los profesionales médicos	Crecimiento sostenido
Soluciones existentes/Clientes nuevos				
Expansión geográfica de las soluciones actuales	Expansión a China y USA	Ver anterior	Ver anterior	Alto potencial

Solución	Nuevos Clientes	Propuesta de Valor	Alineamiento con los retos de cliente	Tipo de Factor
Soluciones nuevas/Clientes existentes				
Soluciones móviles de EHR	N/A	La nueva solución móvil de EHR permitirá reducir la saturación del sistema sanitario derivada de la aceptación de consulta médica a través de dispositivos móviles, optimizando los costes sanitarios (menores costes de atención, menores visitas) y favoreciendo la medicina proactiva (el propio usuario gestiona su salud).	Cubre todos los retos identificados, especialmente los de eficiencia	Alto potencial
Soluciones nuevas/Clientes nuevos				
Soluciones móviles de EHR	China y USA	Optimización de costes sanitarios y mejora de procesos	Cubre todos los retos identificados, especialmente los de eficiencia	Alto potencial
Solución de movilidad para compañías farmacéuticas	Compañías Farmacéuticas	Mejora de la Eficiencia Diagnóstica	Medicina proactiva	No prioritario

Como se puede apreciar en la tabla, en el análisis se han determinado los Factores de crecimiento orgánico que se representan a continuación en la correspondiente matriz de Ansoff:

Es decir, tenemos cuatro Factores de crecimiento orgánico de alto potencial: la expansión de las soluciones actuales a China/USA (2) y la creación de una nueva solución de EHR para los mercados actuales y nuevos (2).

Tenemos también una Factor de crecimiento sostenido (la solución de soporte al diagnóstico de pacientes en clientes existentes), uno de crecimiento plano (la aplicación de gestión de pacientes crónicos con Diabetes en clientes existentes) y una nueva solución que se ha determinado como no prioritaria (la solución de movilidad para la industria farmacéutica).

Como ves no es tan difícil como parece. Si fueras el CEO de esta compañía y tuvieras que comunicar tu estrategia a los inversores podrías decir lo siguiente:

"Esperamos un crecimiento sostenido de nuestras soluciones en los mercados actuales. Sin embargo, creemos que podemos doblar nuestro negocio en los próximos cinco años vendiendo las soluciones actuales en China y USA, además de creando una solución móvil de Historia Clínica Electrónica (Electronic Health Record). Dichas soluciones responden a los retos actuales del sistema sanitario en términos de eficiencia, eficacia y calidad".

A continuación, documentaremos una representación sumaria del alineamiento de las soluciones con los retos de cliente identificados (de forma que se puede verificar que nuestro portafolio de soluciones ofrece respuestas a todos los retos de cliente).

Reto/Solución	Aplicación de gestión de pacientes crónicos con Diabetes	Solución de soporte al diagnóstico de pacientes	Solución EHR	Solución móvil de análisis de datos
Gestión de pacientes crónicos	X		X	
Eficiencia en la utilización de los recursos clínicos	X	X	X	
Productividad de los profesionales médicos	X	X	X	
Medicina proactiva	X		X	X

De la tabla se puede concluir que la identificación de los

Factores de crecimiento orgánicos ha sido la correcta dado que, desde una perspectiva global, están alineados con todos los retos de cliente identificados (es decir, HealthApp es capaz de ofrecer soluciones a los clientes para gestionar cualquiera de los retos identificados).

Finalmente, se realiza una definición detallada de los Factores de crecimiento orgánico que se han clasificado como de "Alto Potencial" y "Crecimiento Sostenido".

Veamos un ejemplo con uno de ellos, la venta de la solución de EHR en China y USA (Solución nueva en Clientes nuevos).

En primer lugar, la Descripción de la solución: "acceso móvil a los Sistemas de Información de los Hospitales por parte de profesionales sanitarios, pacientes y clientes/ciudadanos".

Posteriormente, la estimación de ventas, facturación y rentabilidad para los próximos años:

x $1000	Año1	Año2	Año3	Año4	Año5
Facturación	1,000	3,000	5,000	6,000	12,000
Margen%	28%	36%	42%	43%	45%

Como vemos, el Factor tiene un gran potencial de crecimiento que justifica su categorización.

Luego, incluimos la descripción de los KPIs definidos en los Objetivos clave de negocio que se verán impactados por esta solución (y que utilizaremos para medir el éxito de la Estrategia de negocio). Recordemos que eran los siguientes:

Perspectiva	Objetivos clave de negocio	KPI	Umbral	Ejemplo de impacto
Financieros	Crecer a doble dígito durante los próximos tres años	Facturación	15% de crecimiento anual	El 7% procederá de la nueva solución
Cliente	Ampliar la base de clientes en hospitales	Número de hospitales que usan las aplicaciones móviles	>=50	10 nuevos clientes en mercados actuales, 3 en China y 5 en USA

Como podemos apreciar en la tabla, este Factor de crecimiento orgánico permitirá un crecimiento del 7% (KPI financiero) y aportará 8 nuevos clientes en USA y China. Recuerda por favor que son datos ilustrativos.

A continuación, se describirá la información relacionada con los clientes.

Elemento	Contenido
Relación de clientes objetivo	Hospitales privados de China y USA.
Relación de oportunidades en curso	Las que haya identificado el equipo local.
Nivel de competencia	Otros proveedores locales de soluciones de salud digital con más credenciales en el país y más baratos que nosotros.

Finalmente, se incluirá el plan de acción necesario para implantar ese Factor de crecimiento orgánico. Recuerda que este plan formará parte del plan global de implantación de la Estrategia de negocio que te explicaré más adelante.

Es decir, como habrás podido apreciar en este ejercicio, el proceso de reflexión y documentación sobre los Factores de crecimiento orgánico de la Estrategia de negocio nos permite determinar los caminos de crecimiento soportados en la venta de nuestro portafolio de productos y servicios (existentes y nuevos) sobre nuestros clientes (existentes y nuevos).

A continuación, vamos a tratar la siguiente actividad de la metodología BSB: la identificación de los Factores de crecimiento inorgánico. Sin embargo, antes te quería plantear un reto: ¿serías capaz de preparar tu presentación a los inversores de la nueva solución de EHR, incluyendo aspectos cualitativos y cuantitativos de la misma?

FACTORES DE CRECIMIENTO INORGÁNICO

Pasemos ahora a la siguiente etapa de la metodología: la identificación de los Factores de crecimiento inorgánico.

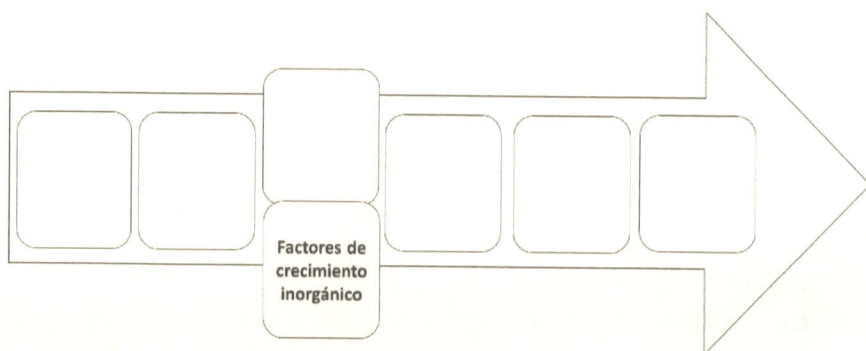

El llamado crecimiento inorgánico (o externo) es el procedente de la participación, fusión o adquisición de terceras compañías, en contraposición con la utilización de soluciones de la propia compañía.

Este tipo de crecimiento ayuda a las empresas a:

—Entrar en nuevos mercados (por ejemplo, es más fácil expandirse a China estableciendo una alianza o comprando una empresa de ese país).

—Expandir la base actual de clientes (por ejemplo, capturando los clientes de la empresa con la que nos hemos fusionado).

—Reducir la competencia (por ejemplo, si adquirimos una participación o nos fusionamos con un competidor). Más tarde veremos un ejemplo de este.

—Crecer de forma rápida (al "adquirir" la facturación de la otra compañía).

—Utilizar nueva tecnología (lo que suelen hacer las grandes tecnológicas al comprar startups de alta tecnología).

Por otro lado, el crecimiento inorgánico que podrás seleccionar como parte de tu Estrategia de negocio puede ser de los siguientes tipos:

—Adquisición: compra de una compañía por otra sin formar una nueva.

—Fusión: combinación de dos compañías para formar una nueva.

— "Joint Venture": asociación empresarial en la que los socios comparten los riesgos y los beneficios de una nueva sociedad según los términos y condiciones acordadas.

—Alianza estratégica: alianza con una compañía para desarrollar conjuntamente una parte de la Estrategia de negocio.

Como puedes imaginarte, la implantación de Factores de crecimiento inorgánico es un proceso complejo con tasas de éxito limitadas. Un ejemplo claro de su complejidad fue la compra de Compaq por HP. En el año 2001, HP compró Compaq por 33,000 millones de dólares para convertirse en el mayor fabricante del mundo de ordenadores domésticos. El objetivo de la multinacional era reducir la competencia eliminando a un competidor muy relevante. Sin embargo, la valoración en bolsa de HP tras la adquisición cayó a la mitad y, años más tarde, la estrategia de crecimiento inorgánica fue valorada por Walter Hewlett como "un error".

En cualquier caso, como parte de tu Estrategia de negocio, debes contemplar posibles Factores de crecimiento inorgánico. Igual que en el crecimiento orgánico, deberás identificar para cada uno de ellos la siguiente información clave:

—Nombre del Factor de crecimiento inorgánico.

—Descripción del Factor de crecimiento inorgánico.

—Identificación de los Objetivos clave de negocio/KPIs sobre los que tendrá impacto la implantación de dicho

Factor de crecimiento inorgánico.

—Caso de negocio, incluyendo los costes de la operación y los beneficios cualitativos/cuantitativos esperados.

—Plan de acción para implementar el factor. Dicho plan de acción debe ser de alto nivel e incluir las líneas de actuación necesarias para poner en marcha el Factor de crecimiento inorgánico (y que formarán parte del Plan de acción global descrito en apartados posteriores).

A título de ejemplo, el plan de acción de alto nivel necesario para desarrollar con éxito un proceso de adquisición en China por parte de HealthApp sería:

—Definir la estrategia de adquisición: por ejemplo, necesitamos comprar una compañía de soluciones móviles de Salud en China, valorada por debajo de los 10 millones de dólares.

—Identificar candidatos y priorizar: buscar startups tecnológicas sanitarias de alto potencial y seleccionar las mejores.

—Desarrollar valoraciones cualitativas preliminares sobre candidatos prioritarios: facilidad de integración, alineamiento entre compañías, etc.

—Desarrollar valoraciones financieras preliminares sobre candidatos prioritarios: cuantificar de forma preliminar los costes e ingresos de la operación. Utilizar métodos estándar de valoración de empresas para valorar financieramente las startups seleccionadas.

—Seleccionar el candidato definitivo y desarrollar la *due dilligence*: seleccionar la mejor startup y analizarla en sus diferentes ejes (financiero, legal, laboral y fiscal, entre otros).

—Conducir la *"due diligence"* (análisis estructurado de datos reales de la compañía) para verificar el valor de la adquisición y revisar la estrategia.

—Negociar acuerdos y ejecutar la adquisición.

Como puedes ver, la implantación de un Factor de crecimiento inorgánico no es tarea fácil. No todas las compañías están preparadas para ello. Sin embargo, es algo que se hace habitualmente. Para que te hagas una idea, según datos de *Thomson Reuters*, el volumen de operaciones de M&A en USA desde la elección de Donald Trump como Presidente ha alcanzado los 1.2 trillones de dólares, y se han llevado a cabo aproximadamente 12,700 transacciones.

Finalmente, antes de pasar al siguiente apartado, te dejo a continuación la plantilla que debes utilizar para documentar los Factores de crecimiento inorgánico:

Elemento	Contenido
Nombre	Nombre del Factor de crecimiento inorgánico
Descripción	Descripción del Factor de crecimiento inorgánico
Caso de negocio	Sumario del caso, incluyendo los costes de la operación y los beneficios cualitativos/cuantitativos esperados
Alineamiento con los Objetivos clave de negocio	¿Sobre qué Objetivos clave de negocio/KPIs tiene impacto la implantación de este Factor de crecimiento inorgánico?
Plan de Acción	Plan de Acción necesario para la implantación del Factor

FACILITADORES

Veamos ahora la etapa de identificación de Facilitadores de la metodología BSB.

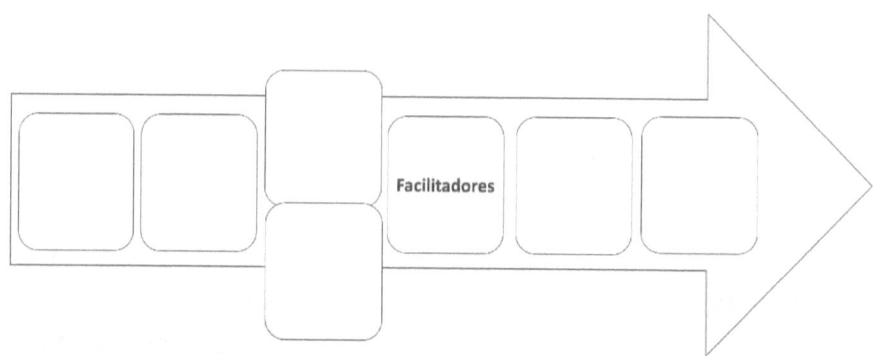

Los Facilitadores son líneas de actuación que afectan a toda la compañía y crean las capacidades necesarias para conseguir los objetivos de negocio no financieros. Se las llama Facilitadores porque, junto con los Factores de crecimiento, facilitan que la Estrategia de negocio sea una realidad.

A continuación, puedes ver ejemplos de Facilitadores (en los casos de estudio de los apartados posteriores se pueden observar numerosos Facilitadores reales:

—Disponer de una plataforma de IT que soporte los nuevos procesos de expansión internacional.

—Crear una unidad responsable de la Transformación Digital de la Compañía (algo que, por ejemplo, hizo Nike en el año 2010).

—Desarrollar un proyecto de gestión del talento para maximizar la motivación de los equipos.

—Implantar una cultura de Gestión del rendimiento, etc.

Desde el punto de vista de la Estrategia de negocio, para cada Facilitador identificado se detallarán sus características clave incluyendo:

Componente	Descripción
Descripción	Descripción del Facilitador
Alineamiento con los Objetivos clave de negocio	¿Sobre qué Objetivos clave de negocio/KPIs tiene impacto la implantación de dicho Facilitador?
Alineamiento con los Factores de crecimiento	¿Sobre qué Factores de crecimiento tiene impacto la implantación de dicho Facilitador?
Plan de Acción	El plan de acción debe ser de alto nivel, e incluir líneas de actuación necesarias para implantar el Facilitador (y que formarán parte del Plan de Acción global descrito en apartados posteriores).

En el siguiente apartado, vamos a ver cómo sintetizar la Estrategia de negocio en una página con el objetivo de facilitar su comprensión y poder comunicarla con eficiencia.

ESTRATEGIA DE NEGOCIO EN UNA PÁGINA

En los apartados anteriores hemos visto cómo identificar los Objetivos clave de negocio, realizar un Análisis de mercado para detectar los retos de nuestros clientes, definir los Factores de crecimiento orgánico, inorgánico y los Facilitadores necesarios para alcanzar los objetivos deseados.

Una vez obtenida toda esa información, es recomendable representarla en un gráfico de forma que nos permita comprenderla mejor, comunicarla internamente y desarrollar en detalle el Modelo financiero y el Plan de acción global.

Para ello, se utilizará la siguiente representación conceptual de la Estrategia de negocio en una página:

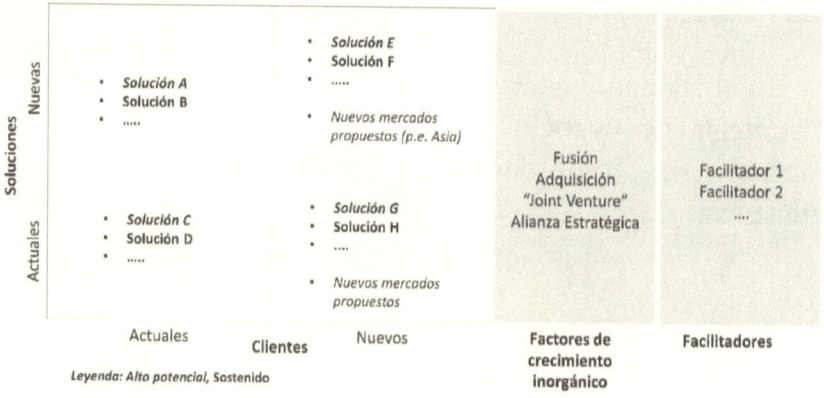

Como puedes apreciar, el gráfico integra la siguiente información:

—Factores de crecimiento orgánico (según el marco de trabajo descrito en el presente documento). Únicamente se incluyen los Factores de crecimiento de tipo Alto potencial y Sostenido (que son los que pueden ofrecer mayores cuotas de crecimiento y, por lo tanto, requerir inversiones potenciales).

—Factores de crecimiento inorgánico.

—Facilitadores.

En los siguientes apartados se presentan ejemplos reales de representaciones de Estrategias de Negocio de diferentes compañías cotizadas. Sin embargo, antes de proceder a su lectura, te planteo un reto. ¿Te atreves a dibujar la Estrategia de negocio en una página de la empresa del caso de estudio, HealthApp?

EJEMPLOS REALES DE ESTRATEGIAS DE NEGOCIO

En este apartado, vamos a analizar juntos ejemplos reales de Estrategias de Negocio. Para ello, trabajaremos con diferentes compañías sobre las que analizaremos su actividad a partir de información publicada en la web corporativa de la empresa u otros documentos públicos.

Una vez analizada toda la información, procederemos a su Interpretación, es decir, realizaremos una reconstrucción de la Estrategia de negocio real de la compañía que estamos estudiando. Aunque, en general, no vamos a ser capaces de identificar la Estrategia de negocio completa de la empresa, el análisis realizado será suficiente para cumplir con los objetivos de consolidación de conceptos.

Finalmente, realizaremos una representación gráfica en una página de la Estrategia de negocio según el modelo presentado en apartados anteriores.

Empecemos por Stratasys. De acuerdo con su web, esta compañía "is a world leader in 3D printing — and its biggest fan. We are passionate believers in the value and power of 3D printing, and in the change it can bring to the world. We create the systems, materials and communities that make 3D printing essential for manufacturers, empowering for designers and educators, and inspiring for makers".

De acuerdo con la información disponible, la compañía se plantea una estrategia de crecimiento orgánico basada en el desarrollo de Soluciones nuevas en Clientes existentes y nuevos. Un ejemplo sería la venta de MakerBot (impresora 3D para uso doméstico que fue adquirida por Stratasys) a consumidores finales (algo que no les está resultando nada fácil a los fabricantes de impresoras 3D). Otro ejemplo sería la verticalización, por ejemplo la creación de soluciones específicas para el sector sanitario.

En relación con los Factores de crecimiento inorgánico, tanto esta compañía como sus principales competidores, han sido siempre muy activos en este área. En ese sentido, la compañía plantea en su estrategia el desarrollo de alianzas estratégicas con líderes de la industria y con clientes.

Una vez hemos identificado Factores de crecimiento orgánico e Inorgánico veamos los Facilitadores.

Hay de diferentes tipos, aunque la mayoría de ellos hacen referencia a la necesidad de alinear recursos con las condiciones de mercado y/o la ejecución de planes para obtener mejoras operativas significativas. En el 2015, la compañía empezó a sufrir porque sus cuotas de crecimiento no eran las esperadas por los inversores (lo que produjo además una fuerte caída de sus acciones).

Por lo tanto, pasaron a una estrategia focalizada en la mejora de la rentabilidad hasta que cambiaran las condiciones de mercado, lo que en última instancia significaba la reducciones de inversiones.

La representación gráfica en una página de la Estrategia de negocio de esta compañía sería la siguiente:

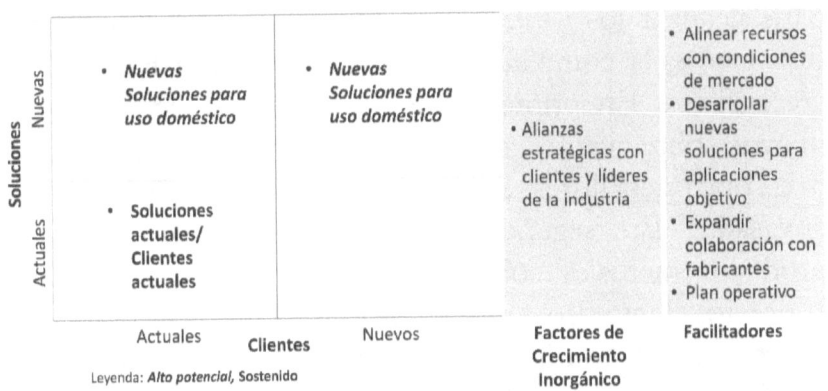

Como se puede apreciar en el gráfico, la Compañía quiere alcanzar una parte significativa de su cuota de crecimiento protegiendo el negocio actual y expandiéndolo mediante estrategias de crecimiento orgánico.

Adicionalmente, contempla estrategias de crecimiento inorgánico soportadas en alianzas con terceros, especialmente con clientes de Aeroespacial.

Finalmente, los Facilitadores que soportarán también el cumplimiento de los Objetivos clave de negocio serán el alineamiento de recursos con las condiciones de mercado y la ejecución de planes específicos para la mejora operacional.

Cabe decir que la Compañía centra gran parte de su estrategia de negocio actual en la verticalización, la potenciación del mercado doméstico (donde puede estar el crecimiento potencial real), el crecimiento inorgánico y la optimización de sus costes de operación.

Pasemos ahora a Coca-Cola. Empecemos por la descripción de la actividad de la Compañía. Según los expertos, el 94% del planeta conoce a esta compañía por lo que no creo que sea necesaria hacer una presentación de la empresa.

De acuerdo con la información disponible, vemos que para alcanzar los Objetivos clave de negocio en términos financieros, la compañía se plantea diferentes Factores de crecimiento. En primer lugar, el desarrollo de productos nuevos sobre clientes actuales que se caractericen por tener más opciones libres de azúcar y de menor tamaño de envasado. En segundo lugar, la potenciación de los productos actuales sobre clientes nuevos y actuales. En concreto, el impulso a diferentes marcas innovadoras.

En relación con los Factores de crecimiento inorgánico, la Compañía se plantea potenciar las fusiones y adquisiciones de competidores.

Una vez hemos identificado Factores de crecimiento orgánico e Inorgánico veamos los Facilitadores. La compañía apuesta claramente por la ejecución de campañas agresivas marketing como facilitador de la estrategia definida.

La representación gráfica en una página de la Estrategia de negocio de esta compañía sería la siguiente:

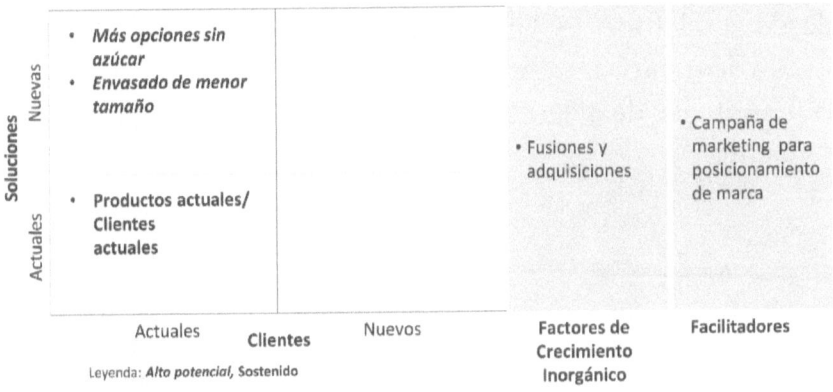

Pasemos ahora a Netflix. Empecemos por la Descripción de la actividad de la Compañía. De acuerdo con su web, la compañía "is the world's leading Internet television network with over 86 million members in over 190 countries enjoying more than 125 million hours of TV shows and movies per day, including original series, documentaries and feature films".

De acuerdo con la información disponible, al tratarse de una compañía con un modelo de negocio por suscripción, su principal objetivo es hacer crecer el número de usuarios a nivel mundial.

Para conseguir dichos objetivos, la compañía se plantea fundamentalmente el desarrollo de Factores de crecimiento orgánico. En concreto, nuevos productos (contenido original y nuevos idiomas) y la expansión a nuevos mercados (por ejemplo, China).

Una vez hemos identificado los Factores de crecimiento veamos los Facilitadores.

Hay de diferentes tipos, aunque la mayoría de ellos se centran en facilitar el crecimiento de suscriptores. Por ejemplo, posibilitar el uso de tarjeta de crédito internacional, la capacidad de suscribirse directamente desde el teléfono móvil, etc.

Por lo tanto, la representación gráfica en una página de la Estrategia de negocio de la compañía analizada sería la siguiente:

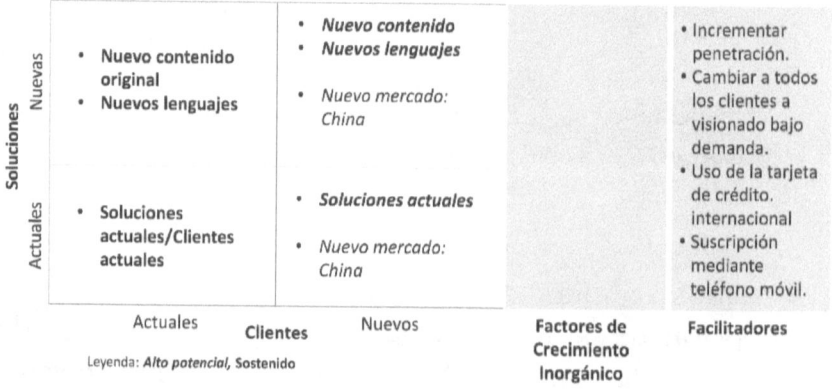

Espero que los casos de estudio te hayan gustado. En cualquier caso, recuerda que el objetivo es consolidar todo lo que has aprendido hasta el momento.

Ahora vamos a continuar con las últimas etapas de la formulación de la Estrategia de negocio: la definición del Modelo financiero y el Plan de acción global.

No obstante, antes te quería presentar un nuevo reto, el de Lego. En el año 2000, esta compañía estaba sumida en una profunda crisis. Sin embargo, unos años más tarde había logrado remontar la situación y volver a ser una compañía de éxito (actualmente factura más de 5 billones de dólares). ¿Podrías dibujar la Estrategia de negocio que utilizaron para ello? No es difícil, es un caso de estudio muy utilizado y documentado en Internet.

MODELO FINANCIERO

En este apartado, vamos a estudiar una etapa clave de la metodología BSB: la definición del Modelo financiero, es decir, el conjunto de inversiones necesarias para la implantación de la Estrategia de negocio y el retorno esperado.

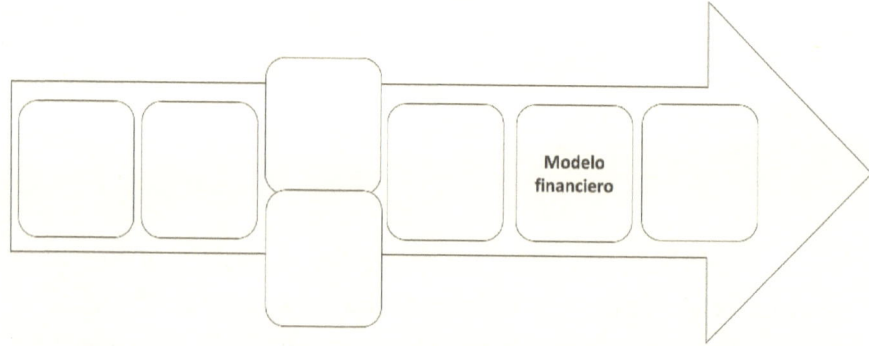

Aunque el Modelo financiero de la Estrategia de negocio es considerablemente más sencillo que el desarrollado en el Plan de negocio (tal y como te he explicado en apartados anteriores), se trata de un ejercicio clave para la correcta ejecución de la estrategia definida.

En ese sentido, las conclusiones del Modelo financiero deberán determinar la inversión necesaria para desarrollar la Estrategia de negocio, los beneficios financieros esperados (que deben estar alineados con los establecidos en los KPIs) y los riesgos asociados.

Para el desarrollo del Modelo financiero se contempla la realización de las siguientes actividades.

En primer lugar, se debe determinar el enfoque del análisis, validándolo por parte del equipo de la Estrategia de negocio y los decisores clave de la compañía.

A continuación, se desarrollarán las hipótesis de trabajo

que van a guiar todo el análisis.

Luego, en función de dichas hipótesis, se determinarán las inversiones necesarias para la implantación de la Estrategia. Dichas inversiones deben ser suficientes para cubrir las necesidades financieras de recursos humanos, marketing, operaciones, entre otros.

También se calculará el crecimiento esperado con la implantación de la Estrategia de negocio; en términos de ventas, facturación y rentabilidad.

Una vez se han determinado inversiones y retorno, se realizará un análisis de sensibilidad, es decir, se determinará cuál es el riesgo de no alcanzar los objetivos esperados si se producen cambios en las hipótesis de trabajo.

Finalmente, se documentarán las conclusiones y recomendaciones del Modelo financiero para su revisión por el Consejo de Dirección.

Veamos un ejemplo de Modelo financiero para nuestra startup HealthApp. Pensemos en la oportunidad de crecimiento orgánico basada en la "Creación de una nueva solución móvil de EHR".

Empecemos por las hipótesis de trabajo. Vamos a suponer que esta solución únicamente se venderá en UK (no conocemos suficiente la legislación del mercado sanitario en USA y preferimos posponer su venta en este mercado). Como verás a continuación, esta hipótesis tendrá un impacto sobre el cálculo de los beneficios esperados.

A continuación, debemos determinar las inversiones necesarias para la implantación de este Factor de crecimiento. Lógicamente, para crear la nueva App deberemos invertir en personas, software, hardware, etc. Dicha inversión se incluiría en el modelo financiero dando lugar a la siguiente tabla:

x $1000	Año1	Año2	Año3	Año4	Año5
Facturación UK					
Inversiones	1,000	1,560			
Otros costes	250	400	700	750	800
Margen%					
Facturación USA	0	0	0	0	0
Margen%	0%	0%	0%	0%	0%

Calculemos ahora el crecimiento esperado con la implantación de este Factor de crecimiento orgánico, en términos de facturación y rentabilidad. Podría ser algo parecido a lo siguiente:

x $1000	Año1	Año2	Año3	Año4	Año5
Facturación UK	1,000	2,000	3,000	4,000	4,500
Inversiones	1,000	1,560			
Otros costes	250	400	700	750	800
Margen%	-25%	2%	77%	81%	82%
Facturación USA	0	0	0	0	0
Margen%	0%	0%	0%	0%	0%

Como puedes ver, en el Modelo financiero se estima que las ventas en USA serán cero en los próximos años (esa era nuestra principal hipótesis de trabajo).

¿Cuál sería el análisis de sensibilidad de este modelo financiero? Podríamos jugar con diferentes variables. Por ejemplo, si nos expandimos a USA cambiará sustancialmente la facturación (aunque asumiremos riesgos legislativos). También podemos analizar la sensibilidad a los costes de desarrollo de la solución (lógicamente, a más coste menor margen).

A continuación, vamos a ver la última etapa de la metodología: el desarrollo del Plan de acción global que guiará la implantación de la Estrategia de negocio.

PLAN DE ACCIÓN GLOBAL

Ha llegado la hora de desarrollar el Plan de acción necesario para implantar la estrategia y conseguir los Objetivos clave de negocio.

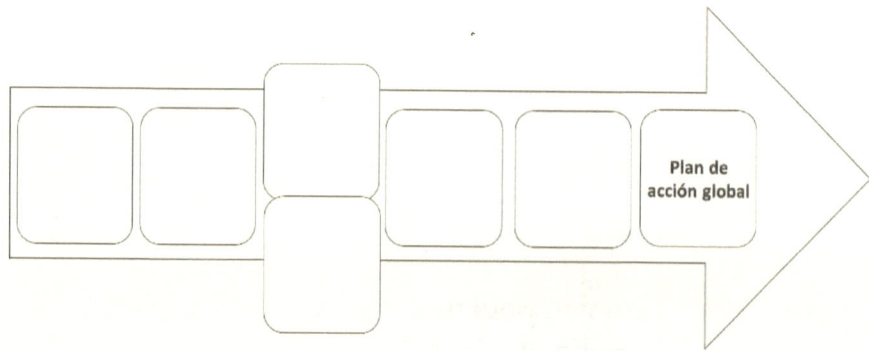

Como te he explicado anteriormente, dicho plan debe recoger las principales líneas de actuación identificadas a lo largo del proceso de planificación estratégica, es decir, acciones asociadas a los Factores de crecimiento orgánico, inorgánico y los Facilitadores.

Los diferentes componentes del plan se clasificarán según su naturaleza en:

—Acciones relacionadas con el Liderazgo.

—Acciones relacionadas con el Negocio.

—Acciones relacionadas con las Personas.

—Acciones de Marketing.

Continuando con el ejemplo de HealthApp, un posible plan de acción para su Estrategia de negocio sería el siguiente.

En primer lugar, las acciones relacionadas con el Liderazgo:

—Definir la organización y el equipo responsable de liderar la implantación de la Estrategia de negocio.

—Definir los líderes del negocio en los nuevos países (USA y China) y sobre las nuevas soluciones.

Luego, las acciones relacionadas con el Negocio:

—Construir la nueva solución de EHR.

—Desarrollar un plan detallado de expansión a China y USA.

—Identificar posibles aliados locales en ambos países.

—Identificar y ejecutar posibles adquisiciones de empresas en ambos países.

A continuación, las acciones relacionadas con las Personas:

—Planificar y ejecutar la reunión de comunicación a empleados de la nueva Estrategia de negocio.

—Contratar programadores expertos en soluciones móviles de EHR.

Y, finalmente, las acciones de Marketing:

—Campaña de marketing para la nueva solución de EHR.

—Campaña de marketing en Sanidad Digital para USA y China.

—Participación en eventos clave de Sanidad en ambos países.

La siguiente plantilla se podría utilizar para documentar el Plan de Acción Global:

Acción	Tipo	Responsable	Fecha límite	Comentarios
Definir la organización y el equipo responsable de liderar la implantación de la Estrategia de negocio.	Liderazgo	.....	.....	.....
Desarrollar un plan detallado de expansión a China y USA.	Negocio	.....	....	....
Planificar y ejecutar la reunión de comunicación a empleados de la nueva Estrategia de negocio.	Personas	....	....	...
Campaña de marketing para la nueva solución de EHR.	Marketing	....	....	....
....	....	...	....	...

En el caso de que trabajes en una Corporación, lo más probable es que presentes el Plan de acción al Consejo para que, una vez aprobado, se cree un grupo de trabajo responsable de su implantación del que tú seguramente formarás parte (e incluso es posible que lo lideres).

En el caso de que trabajes en una startup, lo que debes hacer es discutirlo con los fundadores para que, una vez aprobado, pases a liderar su implantación con un equipo más o menos numeroso (o incluso, tú solo).

La forma de ejecutar el Plan de acción puede ser más o menos complicada dependiendo de su complejidad. En realidad, poner en marcha la Estrategia de negocio es como poner en marcha un proyecto. Por lo tanto, la mayoría de las veces, deberás aplicar técnicas de Gestión de Proyectos para garantizar que tienes éxito.

Normalmente, las empresas disponen de sus propias

metodologías de Gestión de Proyectos que puedes seguir para implantar el Plan de acción global. En el caso de startups, se tratará seguramente de enfoques "Agile", y en corporaciones de enfoques "Predictivos", pero, en cualquier caso, sigue las siguientes recomendaciones para tener éxito en la implantación de Estrategia de negocio:

—Asigna un líder responsable de la ejecución del Plan.

—Anticipa cómo va a afectar la nueva estrategia a los empleados, procesos y cultura de la compañía.

—Comunica de forma regular la situación y resultados de la implantación de la estrategia.

—Determina responsables en el cumplimiento del plan y realiza un seguimiento de su rendimiento.

—Revisa trimestralmente (como mínimo) el avance del plan. Focalízate en el nivel de cumplimiento de los Objetivos clave de negocio identificados durante la definición de la estrategia.

—Adapta el plan en caso de incumplimiento de objetivos.

—Mantén el plan permanentemente actualizado.

En el siguiente apartado vamos a resolver el enigma de Kodak que te he planteado al principio. ¿Estás preparado?

LA RESPUESTA AL ENIGMA DE KODAK

En la primera lectura, te he planteado un reto. ¿Lo recuerdas? Era el siguiente. En el 2001 se vendieron en el mundo 3.120 millones de carretes de película fotográfica. En esa época, Kodak tenía una cuota de mercado del 40%, Fuji del 26% y Agfa del 13%. Sin embargo, en el año 2012 Kodak presentó una suspensión de pagos. Sabrías decirme ¿cuáles fueron las razones de dicha suspensión de pagos?

Como hemos visto en apartados posteriores, una de las principales actividades de la Estrategia de negocio es entender a nuestros clientes y sus retos. Y, en el caso de Kodak, sus clientes ya no sólo querían el álbum de fotos familiar en la mesa del salón, sino también tomar miles de fotos, borrar una parte y compartir el resto en internet.

Aunque Kodak inventó la primera cámara digital (lo hizo uno de sus ingenieros, Steven Sasson), en lugar de ofrecerla a sus clientes, decidió protegerla con una patente para evitar que dicho invento afectara a su negocio analógico. Es decir, fue en contra de los deseos de sus clientes y eso fue el principio de su ocaso.

Por otro lado, otra actividad de la Estrategia de negocio es analizar a los competidores. Al ser durante décadas líder del sector fotográfico, con una penetración superior al 80% en Estados Unidos en un mercado con una rentabilidad superior al 70%, Kodak no quiso aceptar que la fotografía digital había traído nuevos competidores que le iban a restar cuota de mercado. Y, por supuesto, aparecieron y le superaron.

Finalmente, Kodak también se resistió a cambiar su modelo de negocio. Dicho modelo estaba inspirado en el llamado "modelo Gillette", según el cual una empresa vende barato el producto inicial (la cámara fotográfica) y más caros los repuestos (los rollos de revelado) que tienen un margen de rentabilidad más alto. Durante toda su vida, Kodak había regalado prácticamente las cámaras y cobraba un precio muy alto por los químicos necesarios para el proceso de revelado. Con la popularización de la fotografía digital, ese modelo de negocio se terminó y Kodak no se dio cuenta.

Cuando la empresa se decidió a cambiar su Estrategia de negocio e incorporarse al mundo de la fotografía digital, las cámaras de los teléfonos móviles hicieron su aparición, es decir, Kodak cambió su estrategia de crecimiento orgánico demasiado tarde.

Algo similar le ocurrió con los mercados emergentes (nuevos clientes donde seguir creciendo orgánicamente). Mientras compañías de otras industrias lograron crecer en países como China, Brasil e India; Kodak se encontró con que eso no era posible (los países emergentes habían saltado directamente al uso de cámaras digitales, sin rollo fotográfico).

Como consecuencia, en el año 2012, la empresa pionera de la fotografía fundada por George Eastman a finales del siglo XIX, se declaró en suspensión de pagos con deudas de miles de millones de dólares. Aunque la firma había tratado de reestructurarse no lo había logrado y en el tercer trimestre de 2011 (el último con información disponible antes de la suspensión), Kodak perdía más de 200 millones de dólares y sus ingresos anuales de alrededor de 6,000 millones de dólares, representaban poco más de un tercio de lo que llegó a facturar en su mejor momento.

Ahora sí que hemos terminado. Espero que te haya gustado el libro y te deseo lo mejor en el desarrollo de tus propias Estrategias de negocio.

CONCLUSIONES Y CIERRE

Hemos llegado al final del libro. Espero que te haya gustado y te sientas capaz de desarrollar tus propias Estrategias de negocio.

ACERCA DEL AUTOR

Bert es un asesor de negocio e inversor privado con experiencia en la creación de modelos de negocio disruptivos basados en las nuevas tendencias tecnológicas. Durante los últimos quince años se ha dedicado principalmente a innovar modelos de negocio de compañías cotizadas y a ayudar a startups tecnológicas para que se muevan de la etapa de inversión inicial a la de crecimiento.

Entre sus libros cabe destacar los siguientes:

—*Creación de Modelos de Negocio de éxito basados en Blockchain*: Forma parte de la Nueva Revolución basada en la Cadena de Bloques.

—*Creación de Modelos de Negocio de éxito basados en Inteligencia Artificial*: Utiliza Machine Learning y Deep Learning para hacer crecer tu negocio.

—*Formula una Estrategia de Negocio Ganadora*: Aprende a formular Estrategias de Negocio de Éxito para impulsar el Crecimiento.

—*Formula una Estrategia Digital Ganadora*: Aprende a formular Estrategias Digitales de Éxito para hacer crecer tu Negocio.

www.ingramcontent.com/pod-product-compliance
Lightning Source LLC
Chambersburg PA
CBHW031535210526
45464CB00003B/1023